BEI GRIN MACHT SIC
WISSEN BEZAHLT

- Wir veröffentlichen Ihre Hausarbeit, Bachelor- und Masterarbeit

- Ihr eigenes eBook und Buch - weltweit in allen wichtigen Shops

- Verdienen Sie an jedem Verkauf

Jetzt bei www.GRIN.com hochladen und kostenlos publizieren

Katharina Kullmer

Die weiblichen Charaktere in Erich Kästners "Emil und die Detektive" und "Pünktchen und Anton"

GRIN Verlag

Bibliografische Information der Deutschen Nationalbibliothek:

Die Deutsche Bibliothek verzeichnet diese Publikation in der Deutschen National-
bibliografie; detaillierte bibliografische Daten sind im Internet über http://dnb.d-
nb.de/ abrufbar.

Impressum:

Copyright © 2006 GRIN Verlag GmbH
Druck und Bindung: Books on Demand GmbH, Norderstedt Germany
ISBN: 978-3-640-36272-1

Dieses Buch bei GRIN:

http://www.grin.com/de/e-book/129506/die-weiblichen-charaktere-in-erich-kaestners-
emil-und-die-detektive

GRIN - Your knowledge has value

Der GRIN Verlag publiziert seit 1998 wissenschaftliche Arbeiten von Studenten, Hochschullehrern und anderen Akademikern als eBook und gedrucktes Buch. Die Verlagswebsite www.grin.com ist die ideale Plattform zur Veröffentlichung von Hausarbeiten, Abschlussarbeiten, wissenschaftlichen Aufsätzen, Dissertationen und Fachbüchern.

Besuchen Sie uns im Internet:

http://www.grin.com/

http://www.facebook.com/grincom

http://www.twitter.com/grin_com

Die weiblichen Charaktere in Erich Kästners

„Emil und die Detektive" und „Pünktchen und Anton"

1. Einleitung *2*

2. Pony Hütchen und Pünktchen im Vergleich *2*

    2.1. Pony Hütchen 2

    2.2. Pünktchen 3

3. Geschlechterrollen bei den kindlichen Charakteren *4*

    3.1 Das Ideal eines Mädchens... 4

    3.2. Jungen und Mädchen im Vergleich.. 6

4. Frauenfiguren als Identifikationsangebote? *8*

    4.1. „Emil und die Detektive" 8

    4.2. „Pünktchen und Anton".. 10

5. Kästners „Blick auf die Frauenwelt" *12*

6. Die beiden Großstadtromane: Mädchen- oder Jungenbücher? *13*

7. Zusammenfassung.. *14*

8. Literaturangaben... *17*

1. Einleitung

Kästner versucht die Aufmerksamkeit in den Erzählungen „Emil und die Detektive" (1929) und „Pünktchen und Anton" (1930) auf die männlichen Hauptfiguren zu lenken, der Einfluss und die Bedeutung der weiblichen Charaktere lässt sich jedoch nicht bestreiten. Bezeichnend ist vor allem das Mutter-Sohn-Verhältnis der beiden Jungen, Emil und Anton, mit Frau Tischbein und Frau Gast. Auch Pony Hütchens und Antons Großmutter sowie Pünktchens Kindermädchen sind wichtige Personen für die Handlung, die Kästner sehr genau definiert hat. In „Pünktchen und Anton" ist das Mädchen wichtig genug um im Titel genannt zu werden. Die Männer und Jungen in den Erzählungen scheinen eher farblos im Hintergrund zu agieren. Ob und warum Kästner in seinen Erzählungen das Gewicht auf weibliche Charaktere legt und welche Vorstellungen und Ideen dahinter stecken, wird im Folgenden untersucht.

2. Pony Hütchen und Pünktchen im Vergleich

Die beiden weiblichen (kindlichen) Figuren sind beide in die Handlung involviert. Während Pony Hütchen jedoch mehr im Hintergrund agiert, nimmt Pünktchen die Handlung selbst in die Hand und tritt in den Vordergrund.

2.1. Pony Hütchen

Pony Hütchen wächst wohlbehütet in einer gut situierten Familie auf. Sie ist ein Großstadtmädchen mit wenig Verpflichtungen und der Freiheit eines eigenen Fahrrads. Sie ist selbstbewusst, aufgeweckt, keck und kokett. Zudem ist sie jedoch auch sehr verantwortungsbewusst und achtet beispielsweise gut darauf immer pünktlich zu Hause zu sein. Auch hat sie sehr weibliche Züge und ist stolz darauf, so steht sie „wie eine Schönheitskönigin" vor den Jungen, die ihr mit offenem Mund hinterher schauen[1]. Sie genießt die Aufmerksamkeit, die ihr zuteil wird und reagiert enttäuscht, als sie nicht mehr im Mittelpunkt steht: „So plauderten sie und waren denkbar guter Laune. Die Jungen benahmen sich äußerst aufmerksam. Der Professor hielt Ponys Rad. Krummbiegel ging, die Thermosflasche und die Tasse ausspülen. …".[2] „Sie liefen, rannten und stolperten durchs Tor. Pony Hütchen blieb, etwas beleidigt, allein zurück."[3]

---

[1] Erich Kästner: Emil und die Detektive. Cecilie Dressler Verlag, 151. Auflage. Hamburg 2006., Seite 106
[2] Emil und die Detektive, Seite 123
[3] Emil und die Detektive. Seite 124

Auch betont sie immer wieder, welche Pflichten „wir Frauen" haben: „Und Pony Hütchen (...) trug eine Schürze von ihrer Mutter und quiekte: *Vorsicht! Ich habe nasse Hände. Ich wasche nämlich Geschirr ab. Wir armen Frauen!*".[4] Sie betätigt sich als eine Art mütterliche Sekretärin für die Jungen: Sie übermittelt Botschaften und versorgt die jungen Detektive mit Kaffee und Brötchen. Im Haushalt hilft sie viel mit und als alle Probleme gelöst sind, mokiert sie sich über „Jungs". Obwohl sie erst relativ spät und nur zu einem geringen Teil eine Rolle in der Erzählung spielt, sorgen ihr Charakter und ihr Geschlecht dafür, dass sie hervorsticht. Dennoch erzählt Kästner nicht viel zu ihrer Person. Während er in der „Vorstellungsrunde" am Anfang der Erzählung zu anderen Charakteren einiges zu berichten weiß, hält er sich bei Pony Hütchen mit Geplänkel über die Bezeichnung „Cousine" und „Base" auf. Dann erklärt er die Verwandtschaftsverhältnisse und das „Pony Hütchen" ein Spitzname ist. Über das Mädchen selbst hat der Leser damit nichts erfahren.

2.2. Pünktchen

Pünktchen kommt aus einem reichen Elternhaus. Ihre Eltern beschäftigen ein Kindermädchen, einen Chauffeur und eine Köchin, sie kümmern sich nicht viel um ihr Kind. Der Vater arbeitet viel, die Mutter ist mehr mit sich selbst beschäftigt[5] als mit dem Mädchen. Trotzdem ist Pünktchen glücklich und aufgeweckt. Das Mädchen genießt seine Freiheit und scheint trotz des Luxus mit dem sie aufwächst, auch Freude an kleinen Dingen zu haben. Sie ist weder zickig, noch selbstbezogen, wie man es aufgrund ihrer Herkunft und ihres Daseins als Einzelkind erwarten könnte, sondern steht für ihren Freund Anton ein. In ihr drückt sich Kästners idyllisches Bild des Zusammenlebens und vorbehaltlosen Umgangs unterschiedlicher Bevölkerungsschichten (Arm und Reich) miteinander aus. Dieses Ideal, dass sich durch seine Bücher zieht, hatte dem Autor unter anderem die Kritik eingebracht er schriebe „sozialversöhnlerische Kindergeschichten"[6].

Pünktchen spielt gerne „Theater", sie probt nicht nur ihren „Auftritt" als Bettlerin sorgfältig, sondern sie kopiert auch das Verhalten und die Äußerungen von Erwachsenen und gibt altkluge Bemerkungen von sich. Sie ist kein „typisches" Mädchen, wie sie in der Literatur der Weimarer Republik oft beschrieben werden: Durch ihre „freie Erziehung" ist sie weder ein zukünftiges Hausmütterchen, noch ein Mädchen, von dem man erwartet, dass es einmal wird, wie seine Mutter.

---

[4] Emil und die Detektive. Seite 152
[5] Erich Kästner: Pünktchen und Anton. Lizenzausgabe der Süddeutschen Zeitung GmbH, München (für die Süddeutsche Junge Bibliothek 2005), Ulm 2005, Seite 18
[6] Reiner Wild (Hrsg.): Geschichte der deutschen Kinder- und Jugendliteratur, J.B. Metzler Verlag, 2. Auflage, Ulm 2002, Seite 252

3. Geschlechterrollen bei den kindlichen Charakteren

Mädchen und Jungen unterscheiden sich in den beiden Erzählungen durch mehr als „typische" geschlechtsspezifische Merkmale und Eigenschaften. Hinter den unterschiedlichen Personen, die Kästner entworfen hat, stecken bestimmte Vorstellungen von Idealen und von Erziehung.

3.1 Das Ideal eines Mädchens

Die Mädchen in den beiden Erzählungen sind klug, aufgeweckt und eigenständig, und so scheinen sie Kästner am liebsten zu sein. Angesichts der Schlagfertigkeit und Keckheit Pony Hütchens bleibt sogar den Jungen der „Detektiv-Bande" der Mund offen stehen.[7] Auch den Erwachsenen entgeht nicht, was für eine außergewöhnliche Person sie in Pünktchen vor sich haben: „Herr Bremser stand still. Die anderen Lehrer lauschten. Pünktchen war in voller Fahrt."[8]

Beide Mädchen sind gut erzogen. Im Fall von Pony ist die Rollenzuweisung als Mädchen jedoch um einiges deutlicher als bei Pünktchen. Während Pünktchen keine Ahnung von Hausarbeit und traditionell „weiblichen" Arbeiten hat, ist Pony stolz darauf eine kleine Dame und Hausfrau zu sein. Auch wenn das Ende der Erzählung „Pünktchen und Anton" vermuten lässt, das es mit Pünktchens großer Freiheit vorbei ist, durchläuft sie dennoch nicht eine Wandlung zur „gesellschaftsfähigen jungen Dame". In diesem Punkt ist das Mädchen emanzipierter als ihre „Vorgängerin" Pony.

Pünktchen und Pony sind beide wild und aufgedreht und haben viel Phantasie, die sie gerne ausleben: „,Hurra!', rief Pony Hütchen und ritt mit ihrem Stuhl ins Schlafzimmer"[9]. Auch Pünktchen stimmt sich ganz auf ihre Rolle als arme Bettlerin ein: „ ,Mutter ist völlig erblindet und noch so jung.' ".[10] Beide Mädchen sind neugierig und lieben das Abenteuer. So wie Pünktchen Spaß am nächtlichen Aus-dem-Haus schleichen und dem Betteln hat, so genießt es auch Pony Teil der Verbrecherjagd zu sein: „,Ich fahre rasch nach Hause und erzähle dort das ganze Theater'."[11], „,Also, Emil, du Rabe', sagte sie, ,kommt nach Berlin und dreht gleich 'nen Film'."[12] Für sie ist das, was für Emil eine ernsthafte Angelegenheit ist, ein großer

---

[7] Emil und die Detektive, Seite 106
[8] Pünktchen und Anton, Seite 82
[9] Emil und die Detektive, Seite 171
[10] Pünktchen und Anton, Seite 64
[11] Emil und die Detektive. Seite 135
[12] Emil und die Detektive, Seite 105

Spaß: „Pony Hütchen rief noch: ‚Wisst ihr, wie ihr ausseht? Wie ein großer Schulausflug!' Dann bog sie, heftig klingelnd, um die Ecke."[13]

Auch Pünktchen betrachtet ihre nächtliche Bettlerei als großen Spaß und als Abenteuer und macht sich keine ernsthaften Gedanken. Dafür wird sie von Kästner in seinen „Nachdenkereien" getadelt: „Pünktchen lügt, und das ist sehr unanständig. Wir wollen hoffen, dass sie sich, durch ihre Erlebnisse belehrt, bessert und das Lügen künftig bleiben lässt."[14] Was Kästner sich also wünscht sind gut erzogene Mädchen (Kinder), die ehrlich und respektvoll sind. Man soll ihnen jedoch auch ihre Freiheiten lassen, so dass sie ihre Kreativität ausleben können. Die Erziehung zu einer gesellschaftsfähigen Dame scheint für Kästner nicht wichtig. Die Mädchen sollen sich ausleben können wie Jungen auch, dass die Interessen dabei unterschiedlich sein können, ist jedoch natürlich.

Die Realität der Mädchen in der Weimarer Republik (19919 – 1933) sah weniger frei aus, „Hauptziel" eines Frauenlebens war, wie sich auch anhand der weiblichen Charaktere bei Kästner zeigt, eine Heirat und die Gründung einer Familien. An Romanen wie der „Nesthäkchen"-Reihe (1913 – 1925) von Else Ury zeigt sich, welches Leben für Mädchen in der Mädchenliteratur der Zeit vorgezeichnet war. In Literatur für Jungen spielten Mädchen wiederum keine große Rolle, sie waren entweder nicht existent oder sie blieben farblos und undefiniert. Kästner zeichnet vor allem mit seiner Gestaltung von Pünktchen eine neue Generation von Frauen. Genau wie Pünktchens Vater, so scheint es, wünscht er sich ein Mädchen, das anders wird als die jungen Frauen vorhergehender Generationen.

Der These, dass Kästner ein freies Leben, wie das, welches Pünktchen führt, befürwortet, lässt sich jedoch auch anfechten. Gegenargument liefert unter anderem die Weise, wie Kästner Pünktchens Mutter beschreibt, die ihrer Tochter keine Pflichten auferlegt und sie auf das gesellschaftliche Leben, das sie selbst führt nicht vorbereitet.. Dass er mehr Strenge in der Erziehung fordert, lässt sich auch aus dem Ende der Erzählung herleiten. Die Tatsache, dass Antons Mutter das neue Kindermädchen wird, weist drauf hin, dass Pünktchen mehr in ihre zukünftigen Aufgaben als Frau eingeführt werden soll (schließlich hat Antons Mutter auch ihrem Sohn beigebracht einen Haushalt zu führen).

Sehr konventionell waren auch die Texte, die Kästner seit 1926 für das Familienblatt „Beyers für Alle" schrieb: „Auch in ‚Beyers für Alle' hatten sich Mädchen wie Mädchen und Jungen wie Jungen zu benehmen. Die erzieherischen Reformbewegungen seiner Zeit schien Kästner

---

[13] Emil und die Detektive. Seite 135
[14] Pünktchen und Anton, Seite 109

bewußt zu ignorieren."[15] Trotzdem lässt sich in Kästners Schreiben eine Entwicklung beobachten, mit der er sich möglicherweise mehr und mehr von seiner eigenen Kindheit und seinen eigenen Erfahrungen distanzierte. Erst als er sich selbst von den Vorstellungen seiner Kindheit und Jugend gelöst hatte, konnte er Erzählungen verfassen, die nicht mehr einen Jungen im Titel benötigen, um erfolgreich zu sein („Das doppelte Lottchen", 1949). Kästner hatte keine Geschwister und seine Mutter sah es nicht gern, wenn er mit Mädchen oder Frauen Kontakt hatte, da sie diese als Konkurrenz betrachtete. Während „Emil und die Detektive" noch so etwas wie eine Hommage an seine Mutter gewesen war, hatte sich Kästner, der seit 1927 getrennt von seiner Mutter in Berlin lebte (1919-1927 Leipzig), ein Stück weit von ihr distanziert. Diese Entwicklung und der Kontakt mit modernen, selbstbewußten Frauen mögen sich auf Kästners Sichtweise ausgewirkt haben. Insofern könnte man „Pünktchen und Anton" als eine „emanzipiertere" Umgestaltung von „Emil und die Detektive" betrachten.

3.2. Jungen und Mädchen im Vergleich

Wenn auch der junge Emil in „Emil und die Detektive" die Hauptperson ist, so erscheint er im Vergleich zu seiner Cousine Pony Hütchen eher uninteressant. Sie ist kokett und einfallsreich, er hingegen dauernd in Sorge um seine Mutter und vergleichsweise hilflos ohne die „Detektive".

Wenn auch am Ende des Buches „Pünktchen und Anton" Emil und Anton sich auf einer Zeichnung die Hand reichen, dann tun sie dies zwar als „im Herzen Verbündete", denn die Knaben weisen zweifellos viele Gemeinsamkeiten auf, sie sind jedoch nicht gleichwertig. In „Emil und die Detektive" steht noch der Junge Emil im Vordergrund, in „Pünktchen und Anton" könnte man sich den Jungen aus dem Titel weg denken. Neben der lebensfrohen und kreativen Pünktchen wirkt Anton mehr wie Beiwerk als wie ein vollwertiger Partner. Gegen Ende der Erzählung versucht Kästner dies in seinem „kleinen Nachwort"[16] zwar aufzuheben, dieser Versuch Anton in den Vordergrund zu rücken, scheint jedoch verspätet.

Dass Pünktchen die eigentliche Hauptfigur der Erzählung ist, lässt sich auch anhand eines Briefwechsels zwischen Erich Kästner und seiner Mutter Ida im Februar 1930 belegen. In einem Brief erzählt er ihr davon, dass er an einem neuen Kinderroman schreibe und die Idee dafür, die er seiner Verlegerin angeboten hatte, aus einer Erzählung genommen habe, die er Ende 1928 im „Berliner Tageblatt" veröffentlicht habe. Die Erzählung trug den Titel

---

[15] Franz Josef Görtz und Hans Sarkowicz: Erich Kästner – Eine Biografie. Piper Verlag, aktualisierte Taschenbuchausgabe, München 2003, Seite 122-123
[16] Pünktchen und Anton, Seite 155

„Fräulein Paula spielt Theater": „ ‚Entsinnst du dich?' fragte er Anfang Februar 1930 seine Mutter, als er Edith Jacobsohn die neue Geschichte vorgeschlagen hatte. ‚Das Kinderfrl., das nachts, wenn die Eltern im Theater oder zum Ball sind, mit deren Tochter betteln geht! Entsinnst du dich? Könnte ein wunderbares Buch werden. Noch spannender als der ‚Emil'!".[17] Kästner weist im Weiteren darauf hin, dass er die Idee einer Zeitungsnotiz entnommen habe, sie also auf einer wahren Begebenheit beruhe. Anhand dieses Hintergrunds zeigt sich, dass Erich Kästner die Geschichte von Anton erst in das eigentlich schon fertige Gerüst der Erzählung hineingearbeitet hat. Als das Buch erschienen war, bezeichnete Kästner den Roman kurz als „sein Pünktchen": „ ‚ Jetzt kommen die Pünktchen-Kritiken angetrudelt, fast ausnahmslos sehr schön'"[18], schrieb Kästner seiner Mutter Mitte November 1931.

Die Anforderungen, die Kästner an Mädchen und Jungen stellt, unterscheiden sich kaum. Jungen sollen „so fleißig, so anständig, so tapfer und so ehrlich"[19] sein wie Anton und Emil. Denn so können aus Jungen „tüchtige Männer werden": „Solche, wie wir sie brauchen können"[20]. Angesichts des nahenden NS-Regimes war dies eine vergebliche Hoffnung. Von Mädchen erhofft Kästner sich eigenständige Personen, die ehrlich und gut erzogen sind. Er spricht sich jedoch nicht für eine Erziehung aus, die „jugendliche Ungezähmtheit" unterdrückt. Lediglich das Ende der Erzählung „Pünktchen und Anton" lässt vermuten, dass er es für sinnvoll hält, der kindlichen Freiheit, die das Mädchen genießt, Grenzen zu setzen. Ein Hinweis darauf ist die Reaktion von Antons Mutter auf das unaufgeräumte Kinderzimmer, die vermuten lässt, dass sie ein Kindermädchen mit „fester Hand" sein wird. Die Art und Weise wie Pünktchen in Zukunft erzogen werden soll, unterscheidet sich jedoch nicht von dem Maßstab nach dem der Junge Anton erzogen wird. Auch hieran lässt sich vermuten, dass Kästner auf eine Frauengeneration hoffte, die ein selbst bestimmteres Leben führen sollte, als ihre Mütter, bzw. die Frauen der damaligen Oberschicht. Auf diese These soll im Weiteren eingegangen werden.

---

[17] Erich Kästner – Eine Biografie, Seite 164
[18] Erich Kästner – Eine Biografie, Seite 165
[19] Pünktchen und Anton, Seite 155
[20] Pünktchen und Anton, Seite 155

4. Frauenfiguren als Identifikationsangebote?

In beiden Erzählungen spielen Erwachsene nur eine untergeordnete Rolle, dennoch sind insbesondere die Frauen trotz ihrer kurzen „Auftritte" interessant durch ihre Charakterisierung und die Instanzen, die sie verkörpern.

Viele der Frauenfiguren sind überspitzt und karikiert dargestellt. Kästner wollte dadurch „Aufmerksamkeit erregen und Unruhe erzeugen"[21]. Ihm war bewusst, dass Kinder Vorbilder brauchen, nur war es sich unsicher darüber, wo sie die richtigen finden würden. „Überdeutlich sah Kästner die ‚abgewerteten Zeitgenossen' und ‚das Museum der abgelebten Werte'"[22].

4.1. „Emil und die Detektive"

In „Emil und die Detektive" erscheint Frau Tischbein durch ihr inniges Verhältnis zu ihrem Sohn auf den ersten Blick als vorbildliche Mutter. Schon als Kästner sie vor Beginn der eigentlichen Geschichte vorstellt, stellt er klar, dass sie viel arbeitet, damit ihr Sohn auf die Realschule gehen kann. Dadurch ist sie jedoch nicht verbittert, sondern: „Sie hat den Emil sehr lieb und ist froh, dass sie arbeiten kann und Geld verdienen"[23]. Auf der anderen Seite ist sie jedoch überfürsorglich und einnehmend. Es scheint als gönne sie ihrem Sohn kein eigenes Leben. Sie setzt ihn schon bei seiner Abreise unter Druck, indem sie ihm aufträgt Karten zu schreiben und ihm auch gleich welche einpackt, damit er dies auch sicher tut. Dass er den Dieb gefangen und das Geld inklusive einer Belohnung wieder hat, sieht sie nicht positiv: „ ‚Wie konnte er nur so nachlässig sein! Als ob er nicht wüsste, dass wir kein Geld zum Stehlen übrig haben'!"[24], „ ‚Sei nur nicht auch noch eingebildet, du Lümmel!'"[25]. Anstatt einzusehen, dass ihr Sohn selbstständig und aufgeweckt genug ist, allein in der Großstadt zurecht zu kommen, schlussfolgert sie „ ‚Ich habe gelernt, dass man Kinder niemals allein verreisen lassen soll'"[26]. Schließlich soll Emil nicht einmal selbst über das Geld verfügen dürfen, das er für das Fangen des Diebes bekommen hat. Auch wenn sie ihn sonst fast wie einen Lebenspartner behandelt, bevormundet sie ihn in dieser Situation.

---

[21] Geschichte der deutschen Kinder- und Jugendliteratur, Seite 253
[22] Geschichte der deutschen Kinder- und Jugendliteratur, Seite 253
[23] Emil und die Detektive, Seite 19
[24] Emil und die Detektive, Seite 161
[25] Emil und die Detektive, Seite 162
[26] Emil und die Detektive, Seite 171

Frau Tischbein sehnt sich anscheinend nach einem Leben, wie es ihre Schwester hat. So erzählt sie ihrer Kundin unaufgefordert vom Ehemann der Schwester und dessen finanziellen Einkünften[27].

Wenn sie auch nur mehr am Rande der Erzählung vorkommt, so ist auch Emils Großmutter ein bezeichnender Charakter: Sie ist humorvoll, direkt und ein wenig verrückt. So wie Kästner sie beschreibt, ist eine sehr sympathische Person. Sie spricht sich unter anderem dafür aus, dass Emil über sein Geld weitgehend so verfügen darf, wie er es möchte und sie beschwichtigt Frau Tischbein und Emil bezüglich der düsteren „Lehren", die diese aus der Geschichte ziehen wollen. Die „Verrücktheit" der alten Dame macht sie nicht lächerlich, sondern sie lockert die strenge Atmosphäre, die die Erwachsenen verbreiten, etwas auf. Manche ihrer Äußerungen könnten auch ironisch verstanden werden: „ ‚Zankt euch nicht, haut euch nicht, kratzt euch lieber die Augen aus', meinte die Großmutter beruhigend."[28] Sie ist durchaus in der Lage, vernünftig zu denken, so hebt sie die Leistung des kleinen Dienstag hervor: „ ‚Er hat gewusst, was seine Pflicht war Und er hat sie getan, obwohl sie ihm nicht gefiel. Das war großartig, verstanden?'"[29]. Vermutlich agiert sie gerne überdreht, um Aufmerksamkeit zu erregen oder zu provozieren. Sie genießt es, dass auch in ihrem Leben durch Emil etwas passiert. Glücklich über den guten Ausgang des Abenteuers und lässt sie deshalb auch keine negativen Gedanken das Ende der Erzählung beschließen: „ ‚Geld sollte man immer nur per Postanweisung schicken', brummte die Großmutter und kicherte wie eine Spieldose."[30]

Kaum ins Licht gerückt wird Emils Tante, Ponys Mutter. Von ihr weiß man nicht viel mehr, als in welchem (verwandschaftlichen) Verhältnis sie zu den handelnden Personen steht. Sie scheint eine Hausfrau zu sein, wie sie dem Ideal der Weimarer Republik entsprach. Sie ist zurückhaltend und eine gute Gastgeberin, die zu Ehren der „Detektive" Kuchen bäckt. Ihre Tochter scheint sie vorbildlich erzogen und auf ihr künftiges Leben vorbereitet zu haben.

---

[27] Emil und die Detektive, Seite 30
[28] Emil und die Detektive, Seite 170
[29] Emil und die Detektive, Seite 167
[30] Emil und die Detektive, Seite 171

4.2. „Pünktchen und Anton"

Frau Pogge ist der Gegentyp zu dem, was Kästner als weibliche Identifikationsfigur betrachtet. Pünktchens Mutter ist selbstbezogen und kümmert sich nicht um ihr Kind. Sie geht lieber einkaufen und zu „gesellschaftlichen Anlässen". Ihrem Mann und den Dienstboten gegenüber ist sie respektlos, ignorant und undankbar. Ihr Ehemann lässt ihr ihren Willen und gibt zähneknirschend ihren Wünschen nach. Nach dem vereitelten Einbruch legt sie sich „mit Migräne" ins Bett anstatt sich bei „der dicken Berta" zu bedanken: „Sie verzog leidend das Gesicht. ‚Es waren der Aufregungen zu viele', klagte sie."[31] Kästner kritisiert ihr Verhalten in seinen „Nachdenkereien" „Vom Respekt"[32] („Sie hatte nie viel Respekt vor ihrem Mann gehabt, denn er war zu gut zu ihr.") und „Von der Dankbarkeit"[33]: Einzig als sie Pünktchen, die als Bettlerin verkleidet ist, in die Arme schließt und sich dabei nicht um ihr teures Abendkleid kümmert, verhält sie sich im „traditionellen" Sinne mütterlich[34]. Ob sie sich um das Mädchen sorgt oder darum, ob jemand ihr Kind erkennt und die Familie in Verruf kommt, lässt Kästner offen. Kurz nach dieser Szene beschreibt Kästner jedoch, wie sich Frau Pogge wieder nur um ihr schmutziges Kleid kümmert. Auch ihr Verhalten Anton gegenüber zeigt, dass sie nicht „bekehrt" ist: „ ‚Was stehst du mit dem Betteljungen zusammen'?"[35] fragt sie ihre Tochter vorwurfsvoll.

Herr Pogge möchte nicht, dass seine Tochter wird wie ihre Mutter: „Mein Kind soll keine hochnäsige Gans werden."[36] Was aus Pünktchen aber in Zukunft genau werden soll, das sagt ihr Vater nicht. Es ist jedoch naheliegend, dass aus ihr eine Frau werden soll, die mehr wie Antons Mutter ist. Schließlich soll sie das Mädchen künftig erziehen und Herr Pogge weiß, dass er darin schon einmal Erfolg hatte, schließlich ist Anton ein „Prachtkerl"[37] wie seine Tochter ihm versichert. Zudem hat der Junge ihm dies auch durch seinen Anruf mit der Einbruchswarnung bewiesen. Deshalb soll auch seine Tochter „den Ernst des Lebens kennen lernen"[38]

---

[31] Pünktchen und Anton, Seite 140
[32] Pünktchen und Anton, Seite 135
[33] Pünktchen und Anton, Seite 144
[34] Pünktchen und Anton, Seite 132
[35] Pünktchen und Anton, Seite 132
[36] Pünktchen und Anton, Seite 150
[37] Pünktchen und Anton, Seite 132
[38] Pünktchen und Anton, Seite 150

Das Kindermädchen ist als verzweifelte Jungfer eher „Witzfigur" der Erzählung. Was ihr wirklich fehlt – genau wie Emils und Antons Müttern – das ist nach Kästner ein Mann. Auch wenn sie sich keine Sorgen um ein Kind, das ihr eigenes ist, machen muss, will sie unbedingt „unter die Haube". Aufgrund ihrer „unglücklichen" Statur hat sie keinen Mann finden können und tut deshalb alles, um ihren „Bräutigam" bei Laune zu halten und zufrieden zu stellen. Deshalb erniedrig sie sich und geht betteln um ihm finanziell etwas bieten zu können. Diese Situation empfindet sogar das Kind Pünktchen als merkwürdig: „ ‚Und sie schenken das ganze Geld Ihrem Bräutigam?', fragte sie. ‚Da kann der aber lachen.'"[39]. Als ihm das Geld zu wenig ist, wird ist sie ihm bei der Planung des Einbruchs behilflich. Nicht nur Pünktchen, sondern auch Anton merken von Anfang an, dass etwas mit dem Verlobten nicht stimmt. Das Kindermädchen ist jedoch geblendet von der Aussicht auf ein Eheleben. Von ihrem Dienstherrn in Bettlerkleidung ertappt, ergreift sie schamvoll die Flucht.

Möglicherweise hat Kästner sich mit dem Kinderfräulein den Frust über heiratswütige Damen in seinem Bekanntenkreis von der Seele geschrieben. Der Schriftsteller hat selbst nie geheiratet und wehrte sich jahrelang gegen das Bitten und Betteln um ein Eheversprechen von Seiten seiner Lebensgefährtin Luiselotte Enderle, mit der er schon 1926 in der Redaktion von „Beyers für Alle" zusammen gearbeitet hatte. Enderle war schließlich so verzweifelt, dass sie akzeptierte, dass Kästner auch mit einer anderen Frau ein Verhältnis hatte (aus dem ein Sohn hervorging) und sich trotzdem Anfang der siebziger Jahre ein Briefpapier mit dem Namen „Luiselotte Enderle-Kästner" drucken ließ.[40]

Die „dicke Berta" gehört zu den sympathischsten Frauenfiguren der Erzählung. Sie kommt gut mit Pünktchen zurecht, ist ausgeglichen und toleriert die Marotten der anderen. Sie greift mutig zur Bratpfanne, um den Einbrecher auszuschalten. Besonders bezeichnend ist für Berta ihr Humor und ihre Lebensfreude: Die Köchin lacht über Pünktchens Spiele und tanzt zu Ende der Erzählung mit den Polizisten aus Freude über die Festnahme des Einbrechers[41]. Zudem ist sie ehrlich besorgt um das Mädchen, macht sich auch Gedanken darüber, warum Pünktchen so unausgeschlafen wirkt, seit sie das neue Kindermädchen hat. Als Erzieherin scheint sie jedoch fast zu gutmütig und unvernünftig, denn sie setzt keine Grenzen für das Mädchen und verhätschelt sie soweit ihr das in ihrer Position als Köchin möglich ist. So will sie dem Mädchen unter anderem noch spät abends einen Kuchen ans Bett bringen, obwohl sie weiss, dass weder die Eltern noch das Kindermädchen dies billigen würden[42].

---

[39] Pünktchen und Anton, Seite 63
[40] Erich Kästner – Eine Biografie, Seite 343
[41] Pünktchen und Anton, Seite 137
[42] Pünktchen und Anton, Seite 59

Als weitere weibliche Personen tauchen am Rande Pünktchens Schulkameradinnen auf, zu denen sie jedoch keinen all zu engen Kontakt zu haben scheint. Die Mädchen interessieren sich vor allem für das große Auto mit dem Pünktchen abgeholt wird und sie reagieren beleidigt, als sie nicht mitfahren dürfen. Pünktchen hebt sich mit ihrer Einstellung deutlich von ihnen ab. Sie ist glücklich mit allem was sie hat, freut sich aber am meisten darüber, wenn ihr Vater sich Zeit für sie nimmt[43].

Mit Ausnahme des Kindermädchens führen alle Frauen in den Erzählungen ihren Beruf gewissenhaft aus. Einziges Problem, das alle allein stehenden Frauen teilen, ist, dass sie alle nach einem männlichen Beschützer, Lebenspartner oder „Bräutigam" suchen. Antons Mutter „missbraucht" genauso wie Frau Tischbein ihren Sohn für (Haus-) Arbeit und als „Schulter zum Anlehnen", und auch wenn beide Frauen es in keinem Satz sagen, so wären viele Probleme gelöst, hätten die beiden Frauen einen Lebenspartner. Nicht umsonst betrachtet Emils Mutter das Leben ihrer Schwester in Berlin als vorbildhaft: Die Schwester lebt in gesicherten Verhältnissen und muss sich um nichts sorgen. Sogar die Köchin Berta hätte nichts gegen einen Mann: „ ‚Berta, was soll das heißen? Haben Sie sich mit einer ganzen Polizeikompanie verlobt?' ‚Leider nein', sagte die dicke Berta".[44] Wohin diese verzweifelte Suche führen kann, zeigt Kästner am Beispiel des Kindermädchens Fräulein Andacht.

5. Kästners „Blick auf die Frauenwelt"

Dass Erich Kästner mit seiner Darstellung von Jungen und Mädchen zwei Gegenpole entwirft ist keine Neuheit in der Kinder- und Jugendliteratur. Bezeichnend ist jedoch, dass – anders als in der Realität der Weimarer Republik – die Mädchen mehr Freiheit genießen, diese auskosten und am Ende der Erzählung nicht „zum guten Mädchen" bekehrt werden.
Die Jungen sind einer ständigen Kontrolle ausgesetzt – zumindest haben sie selbst das Gefühl, dass es so ist. Sie müssen große Verantwortung tragen, sich um den Haushalt kümmern (eine „traditionelle Mädchenaufgabe") und der Mutter in nahezu allen Lebensdingen zur Seite stehen. Verantwortlich dafür ist in beiden Fällen die erdrückend liebende und fordernde Mutter. Das Verhältnis zwischen Emil und Frau Tischbein ist ebenso innig, wie das zwischen Anton und seiner Mutter. Frau Gast steht jedoch in einem kritischeren Licht als Emils Mutter. Das wird besonders deutlich als Anton ihren Geburtstag vergisst.[45] Auch wenn so etwas für eine Mutter sehr enttäuschend ist, scheint ihre Reaktion überzogen. Sie scheint nicht daran zu

---

[43] Pünktchen und Anton, Seite 145
[44] Pünktchen und Anton, Seite 137
[45] Pünktchen und Anton, Seite 87 - 94

denken, was ihr Sohn alles für sie tut und was die Gründe dafür sind, dass er den Geburtstag vergessen hat. Frau Gast scheint schwach und sie wirkt unbedacht, denn sie scheint sich nicht zu fragen, woher das Geld für die Miete kommt. Sicher, sie ist krank. Dennoch erscheint sie undankbar ihrem Sohn gegenüber. Kästner kritisiert Emils Mutter nicht so stark, doch auch bei ihr fällt auf, dass sie scheinbar nie mit ihrem Sohn zufrieden ist und hohe Ansprüche an ihn stellt.[46]

Beide Frauen sind ohne einen Ehemann auf sich allein gestellt und sie scheinen nicht ganz mit dem Leben zufrieden. Die Söhne werden zum engsten Vertrauten, zum Mitarbeiter und zum Ersatz für den Ehemann. Obwohl sich sowohl Emil als auch Anton aufzuopfern scheinen, ist ihr Engagement den Müttern nicht genug. Sie heben sofort den strafenden Zeigefinger oder ziehen sich verletzt zurück, wenn etwas nicht „perfekt" läuft. Lob hingegen für die Arbeit und Mühe der beiden Jungen gibt es nicht. Es scheint als wären die Frauen mit ihrem Leben überfordert und unglücklich mit dieser Belastung. Der Druck, den die Mütter verspüren, überträgt sich auf die Kinder: So hat Emil selbst ein schlechtes Gewissen und sorgt sich um die Mutter als er beim Essen eine Portion nachholt und glaubt unter Appetitlosigkeit leiden zu müssen, weil die Trennung von seiner Mutter bevorsteht. Kästner kritisiert das Verhalten der Mütter nicht offen, insbesondere in „Emil und die Detektive" versucht er das Bild einer perfekten Frau und Mutter in Frau Tischbein zu zeichnen. „Und Herr Kästner meinte: ‚Grüß deine Mutter, wenn du nach Hause kommst. Es muss eine sehr liebe Frau sein.'"[47]

Ob Kästner sich Mädchen generell so wünscht wie Pünktchen und Pony in seinen Romanen lässt sich nicht eindeutig belegen. Man kann es vermuten, aber, es ist auch möglich, dass Kästner sie lediglich als unverfänglichen Gegenentwurf zu den unter Zwängen aufgewachsenen Jungen beschreibt. So schreibt er in einer „Nachdenkerei": „Ob ihr mir's glaubt oder nicht: Ich beneide Pünktchen".[48]

6. Die beiden Großstadtromane: Mädchen- oder Jungenbücher?

An wen sich Kästner in den Erzählungen „Emil und die Detektive" und „Pünktchen und Anton" genau richtet, ist nicht eindeutig. Bei „Emil und die Detektive" handelt es sich noch mehr um einen Jungenroman, wohingegen sich Kästner bei „Pünktchen und Anton" mehr den Mädchen widmet. In beiden Erzählungen bleibt Kästner ausgewogen genug um beide Geschlechter ansprechen zu können. Er zeichnet Pony und Pünktchen als Mädchen mit denen

---

[46] Emil und die Detektive, Seite 162
[47] Emil und die Detektive, Seite 149
[48] Pünktchen und Anton, Seite 85

sich weibliche Leserinnen identifizieren können, die aber auch für Jungen attraktiv und „akzeptabel" sind. Die männlichen Charaktere sind ebenfalls neutral genug um sowohl auf Mädchen, als auch auf Jungen sympathisch zu wirken. Emil und Anton zeigen sich Mädchen gegenüber respektvoll und fair, sie schließen sie auch nicht von ihren Abenteuern und ihrem Leben aus. Dass die Erzählungen trotzdem realistisch und nicht „überharmonisierend" erscheinen, liegt daran, dass Mädchen, wie auch Jungen über das jeweils andere Geschlecht unken und Urteile abgeben: „Jungens sind manchmal furchtbar blöde."[49] meint Pony und Emil warnt: „Wenn du nicht ein Mädchen wärst und dünn wie eine Strippe, würd ich dich mal den Moritz lehren, mein Kind"[50].

7. Zusammenfassung

Kästner beschreibt Frauen und Mädchen nicht in den für die Weimarer Republik typischen Geschlechterrollen und übernimmt nicht deren Wertung. Frauen, die „typisch agieren" wie Ponys Mutter bleiben im Hintergrund und werden nur beiläufig erwähnt. Hervorgehoben wird hingegen die unkonventionelle „verrückte" Großmutter Ponys und Emils. Dass Kästner Jungen und Mädchen als gleichwertig betrachtet, zeigt sich unter anderem daran, dass er sich für eine ähnliche Erziehung ausspricht. Auch richtet er beide Erzählungen sowohl an Jungen, als auch an Mädchen.

Kästner beschreibt kein Idealbild einer Familie. Es scheint, als könne er sich nicht ganz darauf festlegen, welche Konstellation „optimal" ist. Das Leben in Mutter-Sohn-Kombinationen scheint ihm nicht perfekt zu sein, denn es ist mit vielen Sorgen verbunden und verlangt den Kindern und Erwachsenen zu viel ab. Aber auch die finanzielle Sicherheit und eine „gesicherte" Beziehung der Eltern garantieren keine perfekte Familie, bei zu wenig Zeit und Interesse der Eltern für das Kind droht dieses über die Stränge zu schlagen. Wenn es bei Kästner den Entwurf einer „perfekten" Familie gibt, dann ist es wohl die von Pony und ihren Eltern: Der Vater ist stark und spricht Machtworte, die Mutter erledigt ihre Pflichten im Haushalt und tut dies gerne, Pony ist artig und trotzdem frei durch ihre ausgewogene Erziehung. Doch Ponys Familie bleibt im Hintergrund und wird so wenig wie möglich beschrieben.

In seinen Erziehungsidealen macht Kästner keine Unterschiede zwischen Mädchen und Jungen. Kinder sollen fleißig in der Schule sein und lernen selbstverantwortlich zu handeln, man soll ihnen jedoch auch genug Freiraum lassen und sie nicht überfordern oder ausbeuten.

---

[49] Emil und die Detektive, Seite 75
[50] Emil und die Detektive, Seite 170

Die Warnung vor Überforderung legt er Pünktchen in den Mund: „ ‚So sind sie aber die Erwachsenen', sagte sie zu ihrem Freund. ‚Wir sollen alles können, rechnen und singen und zeitig schlafen gehen und Purzelbäume, und sie selber haben von nichts 'ne blasse Ahnung'".[51]

Kästners kindliche Helden sind zwar gehorsam (oder werden zu Recht gerügt, falls sie sich nicht so verhalten), sie agieren jedoch nicht ohne ihren eigenen Kopf zu verwenden und sie führen nicht ohne Widerspruch befehle aus, deren Hintergrund sie nicht nachvollziehen können. Kästner „ergreift die Partei der Kinder, will ihre Wirklichkeit beschreiben, weist auf ihre Möglichkeiten hin, fordert die Solidarität der Kinder und der Erwachsenen und setzt sich für ‚Mut und Klugheit' ein."[52]

Es ist bemerkenswert wie zur Zeit der Weimarer Republik Kästner für Gleichstellung von Mädchen und Jungen plädiert. So befürwortet er doch mit einer gleichen Erziehung auch ein ähnliches Recht auf Lebensgestaltung im Sinne der Reformbewegung seiner Zeit. Dabei hofft er auf eine neue Generation, die sich in vielem grundlegend von der alten unterscheidet. „Daß wir wieder werden wie die Kinder, ist eine unerfüllbare und bleibt eine ideale Forderung. Aber wir können zu verhüten suchen, dass die Kinder werden wie wir."[53], schrieb Kästner in seinen „Gesammelte Schriften für Erwachsene". Auch an seinen „Nachdenkereien" in „Pünktchen und Anton" zeigt sich, dass Kästner hoffte, sowohl dem kindlichen Lesepublikum, als auch den Erwachsenen, seine Moral oder Lebensvorstellung näher zu bringen. In der Erzählung „Pünktchen und Anton" erfüllt sich dieser Wunsch, denn Pünktchens Vater erkennt, dass mit seiner Tochter einiges anders laufen muss, damit sie eine vielversprechende junge Frau einer neuen Generation werden kann.

Aufgrund Kästners Lebenswandels – er blieb bis zu seinem Tod unverheiratet – ist anzunehmen, dass er sich von einer Gesellschaft, in der nicht das Individuum, sondern das, worin es eingebettet war, zählte, distanzierte. Er legte keinen Wert auf Eheschließung, auch nicht als 1958 sein Sohn Thomas (mit „Zweitfreundin" Friedhilde Siebert) geboren wurde. In „Pünktchen und Anton" ist das verzweifelt nach einem Ehemann suchende Fräulein Andacht eine nicht ernst zu nehmende Witzfigur. Ihr Übereifer, dem die Vorstellungen der Gesellschaft der Weimarer Republik zu Grunde liegen, lässt sie scheitern und ruiniert zudem ihre Existenz, indem er sie zur Komplizin eines Verbrechens werden lässt. Gegen die Theorie, dass es sich bei der Ehe um eine „veraltete" Form der Lebensgestaltung handelt, mögen die

---

[51] Pünktchen und Anton, Seite 41
[52] Geschichte der deutschen Kinder- und Jugendliteratur, Seite 253
[53] Erich Kästner – Eine Biografie, Seite 321

unglücklichen Mutter-Sohn-Konstellationen in beiden Romanen sprechen. Denn, wie Frau Tischbein zu erkennen scheint, wären mit einem weiteren Verdiener im Haus viele Sorgen gelöst. Mit einem Vater im Haus wäre auch Anton vermutlich das Schicksal erspart geblieben, betteln zu gehen. In „Pünktchen und Anton" löst sich das Problem schließlich durch eine neue feste Arbeitsstelle der Mutter. Dass Kästner jedoch andeutet, dass Frau Tischbeins sich ein solides Eheleben wünscht, mag auf mehr als den Wunsch nach finanzieller Sicherheit zurückzuführen sein. Wahrscheinlich ist, dass Kästner Emil (in den er viel seiner eigenen Kindheit einflieOen ließ) von der Gewalt der Mutter befreien oder zumindest entlasten wollte. Zwar wuchs Kästner mit beiden Elternteilen auf, der Vater soll jedoch im Vergleich zur Muter schwach gewesen sein und konnte deshalb kaum einen Gegenpol zu ihr darstellen (ähnlich stellt sich in „Pünktchen und Anton" das Verhältnis der Eheleute Pogge dar). Für Emil hätte eine starke Vaterfigur genau wie für den jungen Kästner eine Aufhebung des starken Drucks sein können, den er als Junge und auch später noch zu spüren bekam. Kästner ist mit dem Thema in den beiden Erzählungen sehr vorsichtig umgegangen, Tendenzen lassen sich in Verbindung mit seiner Biografie dennoch herauslesen. Der Autor, der sowohl mit seiner langjährigen Lebensgefährtin Luiselotte Enderle, als auch mit der der Mutter seines Sohnes Friedhilde Siebert gleichzeitig (und mit beidseitigem Wissen) eine Beziehung führte, heiratete keine der Frauen und erwog dies wohl auch nie. Um seinen Sohn hingegen und die finanzielle Zuwendung für beide Frauen soll er sich jedoch immer gekümmert haben.

Kästner legt in seinen Erzählungen das Gewicht auf weibliche Charaktere mit Eigenschaften, mit denen er sich selbst auseinandersetzten musste (die Mutterfiguren Frau Tischbein und Frau Gast) und auf Charaktere wie er sie gerne gekannt oder „erschaffen" hätte. Der Autor verarbeitet in den Erzählungen eigene Kindheitserlebnisse und er plädiert für aufgeweckte und verhältnismäßig selbstständige junge Frauen. Diese Anforderungen stellt er jedoch an die gesamte neue Generation, wie es sich in der „sechzehnten Nachdenkerei" in „Pünktchen und Anton" zeigt: "Werdet anständiger, ehrlicher, gerechter und vernünftiger, als die meisten von uns waren!".[54] Für Kästner bedeutete die Jugend Hoffnung auf eine bessere Zukunft, und die sollten sowohl Männer, als auch Frauen bestimmen – losgelöst von bürgerlichen Vorstellungen, wie Ehe oder Rollenzuweisungen.

---

[54] Pünktchen und Anton, Seite 153

8. Literaturangaben

Erich Kästner: Emil und die Detektive. Cecilie Dressler Verlag, 151. Auflage. Hamburg 2006.

Erich Kästner: Pünktchen und Anton. Lizenzausgabe der Süddeutschen Zeitung GmbH, München (für die Süddeutsche Junge Bibliothek 2005), Ulm 2005.

Franz Josef Görtz und Hans Sarkowicz: Erich Kästner – Eine Biografie. Piper Verlag, aktualisierte Taschenbuchausgabe, München 2003.

Reiner Wild (Hrsg.): Geschichte der deutschen Kinder- und Jugendliteratur, J.B. Metzler Verlag, 2. Auflage, Ulm 2002.